Wunder der Natur

Ein Augenblick zum Innehalten und Staunen

20 Geschichten über die kleinen Dinge in der Natur

LAURA BRAND

Mit Illustrationen von
FREYA HARTAS

Aus dem Englischen von Ute Löwenberg

PRESTEL
München • London • New York

Was kann ich sagen?

Was kann ich sagen, was ich nicht
zuvor schon gesagt habe?
Ich sage es einfach noch einmal.
Das Blatt trägt ein Lied in sich.
Der Stein trägt das Antlitz der Geduld.
Im Fluss fließt eine nie endende Geschichte.
Und du bist ein Teil von alledem.
Bis zum Ende aller Tage.

Trage dein neugieriges Herz ins Museum.
Aber auch in Läden und Geschäfte.
Trage dein Herz hinaus in den Wald.
Das Lied des Blattes, das du als Kind gehört hast,
erklingt noch immer.
Ich selbst habe schon so viele Jahre gelebt,
vierundsiebzig sind es jetzt.
Und das Blatt singt weiter!

Mary Oliver

INHALT

STAUNE IM HIER UND JETZT

Wenn wir uns Sorgen um die Zukunft machen oder uns über die Vergangenheit ärgern, ist es nicht einfach, im Hier und Jetzt zu verweilen. In genau diesem Moment, den du gerade erlebst. Mit einem Kopf voller Gedanken ist es schwierig, Freude zu spüren, Frieden zu finden und deiner Neugierde zu folgen. Dabei gibt es so vieles, das uns dazu einlädt, einmal innezuhalten. Die Natur zu erleben, gehört dazu.

Dieses Buch zeigt Möglichkeiten, einzutauchen in unsere Welt mit ihrem bunten Leben. Freue dich über außergewöhnliche Dinge, die sich jeden Tag ereignen können. Nimm die faszinierenden Lebewesen wahr, die in deiner Welt leben. Folge den emsigen Ameisen, wie sie einen Baum hinauf- und hinabmarschieren. Beobachte, wie ein Pilz im Regen zerplatzt. Und hast du schon den Kolibri entdeckt, der gerade süßen Nektar trinkt?

Kleine Wunder wie diese passieren in jeder Sekunde. Manchmal müssen wir nur etwas langsamer werden, um sie auch wahrzunehmen. Um im Hier und Jetzt zu sein.

Eine Zwergmaus
baut ihr Nest

Die Zwergmaus gehört zu den kleinsten Nagetieren der Welt. Sie ist das ganze Jahr über damit beschäftigt, ihr Nest zu bauen.

Tagsüber schläft sie in ihrem Kugelnest. Es hält sie warm. Außerdem bietet es ihren Jungen einen sicheren Platz.

Die Maus mit dem goldenen Fell ist eine unglaublich flinke Kletterin. Dank ihres einzigartigen Greifschwanzes kann sie mühelos Pflanzen erklimmen.

Vielleicht hast du das Glück, eine Zwergmaus zu entdecken, die sich auf der Suche nach dem perfekten Ort für den Nestbau an einen trockenen Weizenhalm klammert. In den wärmeren Monaten suchen sich die Mäuse verschiedene Orte für ihr Nest, z. B. oben in den hohen Gräsern am Ufer eines Gewässers. Im Winter bauen sie ihr Nest näher am Boden, da finden sie Nahrung, Wasser und Schutz. Komm, wir schauen zu, wie unsere kleine Maus kunstvoll ihr Zuhause baut!

Zwischen den trockenen Halmen des Feldes sehen wir in der Sommerhitze eine geschäftige Zwergmaus.

Sie läuft hin und her, greift mit ihren Pfoten nach niedrigen Halmen und reißt mit ihren Zähnen die Blätter ab. Aber sie nutzt auch die längeren Stängel.

Mäuse können das obere Drittel ihres Schwanzes einrollen und sich so an hohen Stängeln festhalten.

Wenn sie einen Halm hochkrabbelt, biegt er sich leicht. Deshalb wickelt die Zwergmaus ihren Greifschwanz um den Halm und reißt dann die Blattscheide ab.

Die Zwergmaus hat viel Baumaterial gesammelt, das sie nun zu ihrem Nistplatz transportiert. Siehst du, wie sie durch das Gras läuft?

An einer ruhigen Stelle in der Nähe von Brombeersträuchern hält sie an. Hier hat sie schon angefangen, ihr Nest zu bauen.

Die Zwergmaus beginnt die weichen Blätter mit den längeren und härteren Halmen zu verweben.

Die Gräser, mit denen die Zwergmaus ihr Nest baut, sind mit den Pflanzen in der Nähe verbunden. So ist ihr Nest stabil und wettergeschützt.

Sobald sie das Nest – das aussieht wie ein hohler Ball – gewoben hat, quetscht sie sich hinein.

Von innen zieht sie an den Gräsern und verbindet sie weiter, um das Nest für ihre Jungen fertig zu bauen.

EIN GLÜHWÜRMCHEN

leuchtet im Dunkeln

Blinkende Lichter schmücken den dunklen Nachthimmel. Es ist eine Gruppe von Glühwürmchen in Aktion!

Diese Käferart erzeugt eine rhythmische Lichtsequenz, die sie nicht nur vor Fressfeinden schützt, sondern ihr auch hilft, Partner anzulocken.

Das Glühwürmchen kann in seinem Körper eine chemische Reaktion auslösen und wieder beenden. Damit bringt es ein Leuchtorgan in seinem Hinterleib zum Leuchten! Dieses Aufleuchten wird Biolumineszenz genannt. Ein Glühwürmchen kann leuchten, ohne warm zu werden oder zu verbrennen. Denn die gesamte Energie, die in seinem Körper entsteht, wird als Licht abgegeben. So bleiben die kleinen Leuchtkäfer kühl. Lass uns Glühwürmchen in der Abenddämmerung beobachten!

Es ist ein warmer Abend, und auf der stillen Waldlichtung hören wir nur das Zirpen der Grillen.

In der Stille zeigt sich ein helles Leuchten. Es schwebt über dem hohen Gras – und über uns.

Da, es blinkt wieder. PING! PING!
Ein Glühwürmchen!

Das männliche Glühwürmchen hüpft in der Luft auf und ab.
Sein Leuchten erfolgt synchron zu seinen Bewegungen.

Mit dieser faszinierenden Vorstellung gibt es den Weibchen, die im Gras sitzen, Signale. Und hofft auf Antwort!

Bestimmte Leuchtmuster sind entscheidend bei der Partnersuche.

Da kommt die Antwort! Jetzt hüpfen zwei Lichter zusammen auf und ab. Sie verständigen sich über die Lichtung hinweg!

Bald gesellen sich weitere Glühwürmchen dazu, bis die Lichtung voller funkelnder Lichter ist.

Ein magischer Schein erhellt die Kiefern im Wald, während die Glühwürmchen ihren Tanz in der lauen Sommernacht fortsetzen.

Auch die Larven der Glühwürmchen leuchten nachts, so können sie hungrige Fressfeinde fernhalten.

EINE SCHNECKE

zieht sich in ihr Haus zurück

Die langsame Weinbergschnecke gehört zu den Weichtieren. Ihr Körper wird von einer harten Schale geschützt.

Schnecken werden in ihrem Schneckenhaus geboren. Ihr Haus wird erst mit zunehmendem Alter fest und schützt ihre inneren Organe. Ohne ihr Gehäuse kann die Weinbergschnecke nicht überleben. Droht Gefahr, zieht sie sich ganz darin zurück.

Bei Trockenheit oder Kälte verschließt sie zudem die Öffnung ihres Schneckenhauses und sorgt so für eine feuchte Umgebung. Vielleicht entdeckst du eine Schneckenspur, die in der Sonne glitzert. Hier kannst du dir anschauen, wie die Schnecke sich in ihr Versteck zurückzieht.

Es ist ein regnerischer Sommertag. Die letzten Tropfen fallen von den Blättern der Büsche ins nasse Gras.

Langsam und geschmeidig kriecht die Schnecke über den holprigen Weg und hinterlässt eine schillernde Spur.

Die Schnecke wagt sich weiter über den Boden vor und ertastet mit ihren Fühlern den Weg.

Alle Schnecken haben eine Raspelzunge mit Reihen aus Tausenden „Zähnchen“. Eine Weinbergschnecke besitzt etwa 14 000 Zähnchen. Damit schabt sie ihre Nahrung wie mit einer Feile und zerkleinert sie.

Unsere Schnecke ist unterwegs zu einem saftigen Blatt. Alles ist ruhig und friedlich …

Klebrige Schneckenspuren helfen der Schnecke, beim Fressen an Blättern und Stängeln festzuhaften. Bewegt sie sich, verändert sich ihr Schleim – nun kann sie gut darauf gleiten.

WUUUUSCH! Der Flügelschlag einer Krähe überrascht unsere Schnecke. Blitzschnell zieht sie sich in ihr Haus zurück und entwischt dem hungrigen Vogel nur knapp.

Schnecken können nicht gut sehen und sie hören nichts. Stattdessen nutzen sie ihren ausgeprägten Geruchssinn, um Nahrung zu finden.

Unsere Schnecke wartet, bis alles wieder ruhig ist. Dann kommt sie langsam aus ihrem Schneckenhaus heraus und streckt die beiden Fühler aus.

Was für ein riskantes Versteckspiel!

EINE ENTE
fettet ihr Gefieder

QUACK! QUAAAACK!! Ein Entenpaar, das am Ufer frisst und sich putzt, gehört zu den alltäglichen Freuden in der Natur.

Sowohl die braun gesprenkelten Stockenten-Weibchen als auch die grünköpfigen Männchen (Erpel) können stundenlang ihr Gefieder putzen und glätten. Da Enten viel Zeit im Wasser verbringen, müssen sie ihre Federn mit einem speziellen Öl wasserdicht halten.

Dieses ölige Sekret stammt aus der Bürzeldrüse oberhalb der Schwanzfedern. Die Enten nehmen das Fett mit ihren Schnäbeln auf und bestreichen damit sorgfältig ihre Federn. Dabei rücken sie auch verbogene Federkiele wieder zurecht. Es entsteht eine warme, trockene Wasserdichtung, die zusätzlich das Schwimmen erleichtert. Schauen wir einer Ente bei der Pflege dieses cleveren Regenmantels zu!

Das Ufer des Teichs ist voller Leben. Unsere Ente watschelt auf der Suche nach Futter zwischen den anderen Vögeln umher.

Eine Gruppe von Entenmüttern und Jungtieren bezeichnet man als Schoof.

Unsere Ente krümmt ihren langen Hals in Richtung Teich und sucht nach Insekten, Wasserschnecken oder einem leckeren Grasbüschel.

An einem ruhigeren Plätzchen schüttelt sich die Ente und zeigt dabei die weichen, flaumigen Federn ihres Gefieders.

Die Ente lässt sich Zeit, um sich ausgiebig zu putzen. Sie steckt ihren Schnabel zwischen die Schwanzfedern, bevor sie ihre Flügel mit dem öligen Sekret einschmiert.

Das wiederholt sie – vor und zurück und wieder von vorn – auf ihrem ganzen Gefieder, das mit jedem Strich seidiger wird.

Eine graue Wolke zieht über den Himmel, gleich beginnt es zu regnen. Die Ente watschelt zum Teich.

Sie gleitet ins Wasser und paddelt davon. Die Regentropfen perlen von ihrem geölten Gefieder ab.

BLÜTEN ÖFFNEN SICH
in der Nacht

Bunte Blüten kann man tagsüber in Gärten und Parks bewundern. Sobald die Sonne untergeht, erwachen die Nachtblüher zum Leben.

Diese Blüten haben oft eine hellere Farbe und verströmen einen starken Duft, der ihnen hilft, Bestäuber wie Motten, Käfer, Fledermäuse und nachtaktive Vögel anzulocken.

Arten wie Nachtkerze, Mondwinde und Blauregen erwachen in der Abenddämmerung. Ihre Blütenblätter waren den ganzen Tag geschlossen und beginnen sich bei Einbruch der Dunkelheit zu entfalten. Dieses Verhalten wird Nyktinastie genannt. Der Name kommt aus dem Griechischen: „nyx" für „Nacht" und „nastie" für „Bewegung". Lass uns beobachten, wie der nachtblühende Jasmin in dieser Sommernacht erwacht!

Es ist ein warmer und klarer Abend – der Himmel ist mit Sternen bedeckt.

Eine Katze wird von einem betörenden Duft angezogen und findet eine nachtblühende Pflanze – den Jasmin.

Auf den flaschengrünen, wächsernen Blättern des Jasmins spiegelt sich das Mondlicht wider. Die Blüten beginnen wie Sterne zu funkeln.

Der nachtblühende Jasmin gehört – wie Kartoffeln, Tomaten und Paprika – zur Familie der Nachtschattengewächse.

Eine Jasminblüte nach der anderen öffnet sich zum Nachthimmel. PLOPP! PLOPP!

Hunderte Jasminblüten sehen aus wie winzige Trompeten, wenn sie sich öffnen.

Der Jasmin steht jetzt in voller Blüte,
sein Duft lockt die nächtlichen Bestäuber an.

Jasmin verströmt einen der stärksten Düfte in der Pflanzenwelt. Man kann ihn bis zu 500 Meter weit riechen!

Die kleine Motte ist die ganze Nacht unterwegs – und schlürft den süßen Nektar der Blüten.

Der kühle Morgen bricht an, der Jasmin beginnt, sich langsam wieder zu schließen. Er sagt der aufgehenden Sonne gute Nacht.

EINE FAMILIE VON EINSIEDLERKREBSEN

zieht um

Anders als andere Krebse besitzen Einsiedlerkrebse keinen harten Panzer. Sie müssen eine verlassene Muschel finden, in die sie hineinschlüpfen können. Das ist dann ihr neues Zuhause.

Wenn ein Einsiedlerkrebs aus seiner Muschel herauswächst, zieht er in eine größere um, die besser passt. Einsiedlerkrebse leben in Gruppen und organisieren untereinander ein besonderes Muscheltauschsystem.

Die Krebse reihen sich von groß nach klein auf. Nun krabbelt der größte zu einem neuen Haus in der richtigen Größe. Der nächste macht sich auf den Weg zu der verlassenen Muschel des größten Krebses. Und so geht es weiter, bis auch der kleinste sicher untergebracht ist. Da gut gepflegte Muscheln sehr gefragt sind, geht es manchmal recht chaotisch zu! Lass uns einer Familie von Einsiedlerkrebsen beim Umzug zuschauen.

Das Wasser plätschert sanft an den felsigen Strand.

Wenn ein Einsiedlerkrebs keine passende Muschel findet, zieht er lieber in ein anderes Zuhause um. Das kann eine Nussschale sein oder ein Stück Strandabfall. Hauptsache geschützt!

Ihm folgen dann die kleineren Krebse seiner Familie, dicht an dicht.

Da vorn schimmert eine große leere Muschel. Das ist die Chance für den Krebs!

Mit seinen großen Scheren – KLACK KLACK …

… rollt er die Muschel mit der Öffnung zu sich hin.

Rasch schlüpft er aus der alten in die neue Muschel. Passt perfekt!

Sofort wird die abgestreifte Muschel zu einem Zuhause für eins seiner jüngeren Geschwister. Und so geht es immer weiter!

LÖWENZAHNSAMEN

schweben durch die Luft

Der bescheidene Löwenzahn steht seit Millionen von Jahren für Nahrung, Medizin, Kinderspiel und Sonnenschein auf unseren Wiesen!

Diese blühenden Pflanzen tauchen auf Wiesen, Weiden, in Terrassenritzen und an Autobahn-Seitenstreifen auf. Sie schlagen selbst an den seltsamsten Orten Wurzeln! Ihr Leben beginnt als leuchtend gelbe, sternförmige Blüten, die sich nach ein paar Tagen schließen, bevor sie sich in flauschige weiße Samenkugeln verwandeln.

Obwohl der Löwenzahn von Insekten wegen seines nährstoffreichen Pollens und Nektars geschätzt wird, ist er für seine Verbreitung nicht auf sie angewiesen. Schau, wie seine winzigen Samenschirmchen davonfliegen und sich der Löwenzahn so vermehrt!

Die ganze Wiese steht voller leuchtender Samenkugeln. Hast du die kleine Maus schon entdeckt?

Sie krabbelt zwischen den Blüten hindurch und klettert einen langen, hohen Stängel hinauf. QUIEK!

Die Pusteblumenkugel sieht aus, als würde sie gleich platzen

Die flauschigen Samenflugschirme (Pappus) des Löwenzahns haben genau die richtige Größe, Form und das richtige Gewicht, um vom Wind über weite Strecken getragen werden zu können.

Als der Wind auffrischt, schnuppert die Maus in der Luft, und ein Samenschirm schwebt an ihrer winzigen Nase vorbei.

Hoch und dann auf und davon!

Er wirbelt durch die Luft.

Der Wind bildet eine Tiefdrucktasche direkt über dem Samen und trägt ihn auf eine leichte, luftige Reise durch die Luft.

Mit der Brise schwebt er zu einem Feld in der Nähe.

Hier ruht er für einige Zeit auf dem Boden …

Der Löwenzahn gehört mit seiner leuchtend gelben Blüte zur gleichen Familie wie die Sonnenblume. Die Blüte trocknet nach ein paar Tagen aus und verwandelt sich in eine flauschige weiße Samenkugel.

… und ist bereit, die ganze Reise noch mal von vorne zu beginnen.

FINDE HERAUS, WIE EINE BIENE
ihren Honig kühlt

Honigbienen sind für ihre wächsernen Bienenwaben und den süßen, goldenen Honig bekannt, den sie produzieren.

Arbeitsbienen besuchen blühende Pflanzen, die eiweißreichen Pollen und zuckerhaltigen Nektar enthalten.

Honigbienen saugen mit ihrem Rüssel (eine Art Röhrenzunge) Nektar aus den Blüten und speichern ihn in ihrem Honigmagen. Das ist ein winziger Beutel im Verdauungstrakt.

Wenn ihr Honigmagen voll ist, kehren die Arbeiterinnen in den Bienenstock zurück, um ihre Ladung an die dort wartenden Bienen abzugeben. Diese kauen auf dem Nektar herum, geben ihn von Biene zu Biene weiter und füllen ihn in die Wabenzellen des Bienenstocks. Dann schlagen sie Tausende Male mit den Flügeln, um die Flüssigkeit abzukühlen – bis diese sich in klebrigen Honig verwandelt! Das können wir uns jetzt genauer anschauen!

Ein Bienenstock steht auf einer Wildblumenwiese. Die Honigbienen schwirren umher, um Nektar von Gänseblümchen, Klee und Kornblumen zu sammeln.

Im Inneren des Bienenstocks klettern die Bienen laut summend übereinander. SSSSSSUMMMM!

Mit diesem Summen arbeiten die Bienen in perfekter Harmonie zusammen: Sie tragen den Honig aus, verständigen sich miteinande und sind den ganzen Tag bis zum frühen Abend beschäftigt.

Wenn die letzten Sammlerinnen zum Bienenstock zurückkehren, sehen wir am Eingang eine gut organisierte Gruppe von Bienen, die eine sehr wichtige Aufgabe erfüllt: Sie kühlen alles ab!

Es gibt über 20 000 Bienenarten auf der Welt – aber nur acht davon sind Honigbienen.

Die Bienen schlagen im Gleichtakt mit ihren Flügeln und sorgen für eine gute Belüftung. Dadurch bleibt der Bienenstock gesund.

Die Flügel einer Biene schlagen 11 400 Mal pro Minute.

Die zarten, aber kräftigen Flügel sorgen für einen ausreichenden Luftstrom, um den letzten Honig des Tages in den Waben zu kühlen.

Während sich der Arbeitstag für einige Honigbienen dem Ende zuneigt, beginnen andere ihre Schicht im Bienenstock, bis der Morgen anbricht.

SIEH DABEI ZU, WIE EIN KOLIBRI
aus einer Blüte trinkt

SUMMMMM! Dieses Geräusch macht der kleinste Zugvogel der Welt, wenn er in der Luft schwebt, mit den Flügeln schlägt und Nektar trinkt.

Der winzige, wunderschöne Vogel ist unglaublich schnell und fliegt Tag für Tag Tausende von exotischen Blüten an. Am Ende seiner langen Zunge befindet sich eine gabelförmige Spitze. Damit nimmt er den zuckerhaltigen Nektar auf, bevor er die Zunge wieder in seinen Schnabel zurückzieht.

Der proteinreiche Nektar und die winzigen Insekten darin sind für Kolibris überlebenswichtig. Sie liefern die nötige Energie, denn die Flugweise der Vögel ist sehr anstrengend. Lass uns beobachten, wie dieser Rubinkehlkolibri über einer leuchtenden Blume schwebt!

Die orange blühenden Zweige des Trompetenbaums ranken in den Garten. Die großen trichterförmigen Blüten sind ein herzliches Willkommen für den Kolibri!

Er hebt von dem Zweig ab, auf dem er sich über Nacht ausgeruht hat, und schwingt sich mit kräftigen Flügelschlägen in die Luft.

Der Kolibri verweilt bei einer Blüte. Jetzt können wir auch seine rubinrote Kehle sehen, die im Sonnenlicht schimmert.

Er taucht seinen langen Schnabel in die trichterförmige Blüte ein.

Seine dehnbare Zunge schnellt hervor, windet sich im Nektar und arbeitet wie eine kleine Pumpe, um die Flüssigkeit in seine Kehle zu drücken.

Und schon ist er bei der nächsten Blüte!

Kolibris können im ultravioletten Bereich sehen, der für das menschliche Auge unsichtbar ist. Deshalb sind rosa, rote und violette Blüten für sie besonders anziehend.

Er wird einen Großteil des Morgens damit verbringen, zu schweben und zu trinken, …

… bis er satt ist und sich für einen Moment auf einem Ast ausruht.

BEOBACHTE EINE RAUPE

beim Zeltbau

Eine bedornte schwarze Raupe auf einem Brennnesselblatt zu finden, ist ein echter Glücksfall!

Raupen bauen aus Blättern Unterschlüpfe, um sich vor Fressfeinden zu schützen. Gleichzeitig nutzen sie die Blätter als Nahrungsvorrat. MAMPF! MAMPF!

Wenn sie die geeignete Größe erreicht haben, verlassen die Raupen ihre zeltartigen Behausungen. Sie verpuppen sich, um sich später in Schmetterlinge zu verwandeln.

Die Raupe benutzt eine Art Häkchen an ihrem Hinterleib, um sich an einem Blattstiel festzuhalten. Dann beginnt die Verpuppung. Um die Raupe bildet sich eine gehärtete Hülle – die Puppe. In dieser Puppe hat sie alles, was sie für ihre Verwandlung – die Metamorphose – braucht. Sie wird lange, elegante Beine, Flügel und Fühler entwickeln. Du kannst beobachten, wie die Raupe ein Schutzzelt baut, bevor sie sich verwandelt!

Die bedornte Raupe bewegt sich in ihrem typischen Raupengang auf einer Brennnessel vorwärts. HOCH, runter, HOCH, runter.

Auf der Suche nach einem Platz, um ihr Lager aufzuschlagen, krabbelt sie hin und her.

Zuerst bereitet sie das Blatt vor. Ein paar Knabbereien an der Basis des Blattes sorgen dafür, dass es sich perfekt eignet.

Jetzt beginnt die magische Webarbeit! Die Raupe befestigt ihren feinen, seidenen Faden an einer gezackten Spitze des Blattes und „webt“ dann zur anderen Seite.

Raupen sind hauptsächlich nachtaktiv. Sie kommen vor allem nachts heraus, um sich ihr Futter zu suchen - zum Beispiel Brennnesseln, Moose und Flechten, die sie in nächster Nähe findet.

Langsam zieht sie beide Seiten des Blattes nach innen und webt hin und her, wobei die silbrigen Fäden schimmern.

Während die Raupe das Blatt zusammenschnürt, rollt es sich ein. In den nächsten Tagen wird sie sich aus ihrem Zelt herausfressen.

Es gibt Raupen, die während ihres Larvenstadiums bis zum 27 000-fachen ihres Körpergewichts fressen.

Vier Wochen später baut die mittlerweile gewachsene Raupe ein weiteres Zelt. Und beginnt sich noch mal zu verpuppen. Schon bald wird sie ein wunderschöner Schmetterling!

EIN STIEGLITZ
pickt winzige Samen auf

Im Winter und Herbst trocknen die Samen in der Natur aus. Der findige Stieglitz kommt trotzdem an seine Nahrung!

Stieglitze, auch Distelfinken genannt, sind tagsüber aktiv. Auf der Suche nach Nahrung und Nestbaumaterial fliegen sie in wellenförmigen Bewegungen auf und ab.

Hohe Kardengewächse mit kegelförmigen, stacheligen Blütenständen und violetten Blüten gehören zu ihren bevorzugten Nahrungsquellen. Sie ernähren nicht nur Stieglitze, sondern auch viele Insekten, die die Blätter und den Nektar dieser Pflanzen mögen. Gleich kannst du beobachten, wie ein Stieglitz mit seinem spitzen Schnabel die Samen von einer vertrockneten Karde zupft.

Am Rande des Feldes sehen wir die stacheligen Silhouetten von wilden Karden, die Jakobskraut und Gräser überragen.

Aufgeregt huschen an diesem warmen Herbsttag Vögel auf Nahrungssuche zwischen den Pflanzen umher.

Je näher wir kommen, desto deutlicher sehen wir gelbrotes Gefieder leuchten. Ein Stieglitz!

Der schlanke Vogel sitzt auf einem kegelförmigen Samenkopf. Mit seinen Füßen und dank seines Gleichgewichtssinns findet er schnell Halt.

Der Stieglitz bewegt seinen scharfen, kräftigen Schnabel hin und her, um zwischen den Samenhäppchen flauschiges Material herauszupicken, das er für sein Nest braucht.

Einige Samen lässt er fallen. Sie schweben durch die Luft, als der Stieglitz fast satt ist.

Unser Stieglitz macht sich wieder auf den Weg. Er hat noch anstrengende Stunden vor sich.

Der Stieglitz ist ein sehr geschickter Samenfresser. Er kann zum Beispiel kopfunter hängend picken und die Samen geschickt aus ihrer Hülle befreien.

Stieglitze singen sehr gerne. Meist leiten sie ihr Lied mit einem Ruf ein, der wie „stieglitt“ klingt. Daher hat der Stieglitz seinen Namen.

ZWEI KLEINE SCHNEEFLOCKEN

verschmelzen zu einer großen

Vielleicht weißt du schon, dass Schneeflocken sechseckig sind? Und dass es unendlich viele, verschieden aussehende Sorten gibt?

Es sind so viele, dass man sie – je nach Form – eingeteilt hat. In den vier Hauptkategorien unterscheiden wir sie nach Plättchen, Säulen, Nadeln und verästelten Kristallen.

Eine Schneeflocke entsteht, wenn kalte Wassertröpfchen in den Wolken an einem Staub- oder Pollenkorn festfrieren. Fällt dieser winzige Eiskristall vom Himmel, gefrieren weitere Tröpfchen auf ihm – und er beginnt zu wachsen. Wind und andere Wetterbedingungen bestimmen, welche Form eine Schneeflocke annimmt. Manchmal stoßen zwei Schneeflocken zusammen und bilden etwas Besonderes: eine zwölfeckige Flocke! Wenn du nach draußen gehst, um sie zu beobachten, vergiss nicht, dich warm einzupacken! BRRRR!

Eine Eule heult in der Ferne, während uns der Nachthimmel einhüllt. Es ist still geworden. Wenn wir nach oben schauen, sehen wir nur eine Handvoll Sterne. Der Rest wird von wirbelnden Wolken verdeckt.

Obwohl sie weiß erscheinen, wenn sie auf den Boden fallen, sind Schneeflocken durchsichtig.

Da, sieh nur! Winzige Schneeflocken segeln in Kaskaden nach unten. Die Temperaturen sind gesunken, als sie zu fallen beginnen.

Tausende Schneeflocken fallen vom Himmel, aber wir haben eine einzige im Blick.

Unsere Schneeflocke sieht zart aus, und doch ist sie stark. Und sie hat eine prächtige Form. Ihre sechs glitzernden Kristallärmchen wachsen aus einem Rad und drehen sich lautlos.

Jetzt sehen wir eine weitere Flocke. Sie wird immer schneller und größer und kommt näher. Plötzlich drehen sie sich gemeinsam erdwärts.

Alle Schneeflocken sind anfangs ein Sechseck.

Zusammenstoß! Unsere beiden Schneeflocken schließen sich zusammen. Zwölf glitzernde Kristallästchen wirbeln nun vereint weiter.

Nach dem Schneefall fühlt sich die Welt ganz ruhig und friedlich an. Der Schnee absorbiert die Schallwellen!

SCHAU NUR, WIE DIESER PILZ
sich blütenförmig öffnet

Bei einem Herbstspaziergang im Wald entdeckst du vielleicht einen magischen sternförmigen Pilz. Er gehört zur Familie der Erdsterne.

Die äußere Hülle dieses einzigartigen Pilzes öffnet sich sternförmig und bildet sogenannte Pilzblüten am Boden.

An trockenen Tagen sind die spitzen Segmente um den zarten Sporensack gefaltet. Sie schützen ihn vor der Witterung und seinen Fressfeinden. Wird es feucht, öffnet sich der „Stern" und entlässt die Pilzsporen in den Wind. Schau doch nur, dieser Erdstern entfaltet sich während eines leichten Regens!

TROPF! TROPF! Der Regen fällt aus dem Blätterdach über dem Waldboden. Ein Sturm kündigt sich an.

Zwischen Laub und Totholz schmückt eine große bräunliche Kugel den Boden.

Es ist ein Erdsternpilz. In seinem Myzel – einem wurzelähnlichen, lebenspendenden Netzwerk im Boden – geht Magisches vor. Aber du kannst auch sehen, wie der Pilz über dem Boden aktiv wird.

Seine holzbraune Kappe beginnt zu knacken und zu reißen. Und enthüllt ein cremefarbenes, schwammiges Inneres.

Die äußere Hülle faltet sich langsam auf und bildet sieben spitze „Blütenblätter“, die sich um die Mitte herum öffnen.

Wie bei jedem Pilz ist das, was du vom Erdstern siehst, nur der Fruchtkörper. Der größte Teil des Pilzes, das Myzel, liegt unter der Erde. Ein Geflecht aus Pilzfäden, durch das sich der Pilz ernährt und mit dem Rest des Waldes in Verbindung steht.

Die aufgefaltete Hülle gibt den Sporensack frei. Kannst du erkennen, woher der Erdstern seinen Namen hat?

Jetzt ist er voll entfaltet und kann seine Sporen freisetzen. Und an seinem Sporensack prallen die Regentropfen ab

Und wenn der Regen weiter Richtung Wald zieht, werden die Pilzsporen von der Brise fortgetragen.

SIEHST DU DEN GRASHÜPFER emporschnellen?

Zu den besten Hochspringern in der Natur gehören die langbeinigen Grashüpfer.

Im hohen Gras sitzt ein Grashüpfer. Er kann so hoch springen, dass die Höhe mehr als das Zehnfache seiner Körperlänge beträgt.

Durch das Springen entkommen Grashüpfer ihren Fressfeinden. Wenn sie sich auf den Sprung vorbereiten, klappen sie ihre langen Hinterbeine unter den Körper und setzen ihre großen Beugemuskeln und federnden Knie ein. Nach einem kurzen Moment des Innehaltens katapultieren sie sich in die Luft. Danach landen sie sicher, weit weg von der Gefahr. Uiii, eine Spinne jagt unseren Grashüpfer! Ob er sich in Sicherheit bringen kann?

Es ist ein warmer Tag und die Wiese ist üppig und ruhig. Da ertönt ein unverwechselbares Geräusch. KLICK! KLICK! Das ist unser Freund, der Grashüpfer!

Grashüpfer lebten schon vor den Dinosauriern. Vor mehr als 300 Millionen Jahren!

Hast du die Spinne schon entdeckt, die hinter dem Grashüpfer sitzt? Jetzt krabbelt sie auf ihre Beute zu.

Bein für Bein pirscht sich die Spinne vorsichtig heran. Ihre Beute ist zum Greifen nah.

Der Grashüpfer spürt die Gefahr! Er drückt sich in das hohe Gras und klappt seine langen Hinterbeine unter sich zusammen.

Er braucht nur eine Sekunde, um seine Kräfte zu sammeln.

Dank seiner kräftigen Sprungbeine hebt unser Grashüpfer von seinem Grashalm ab und katapultiert sich hoch in die Luft. Er springt fast in den Himmel hinein!

Im Sinkflug blickt er auf die grüne Welt unter sich. Er hat die Spinne endgültig hinter sich gelassen!

Der weiche Körper des Grashüpfers wird von einem harten Panzer aus Chitin geschützt. Es ist dieselbe Substanz, die auch in den Panzern von Krebstieren vorkommt.

Der Grashüpfer landet mit Leichtigkeit, sicher und stabil. Heute war ein guter Tag!

BEOBACHTE, WIE FLECHTEN
sich im Wasser verwandeln

Flechten können selbst an den extremsten Orten der Erde überleben - an felsigen Küsten, in ausgedörrten Wüsten und sogar in deinem Hinterhof!

Flechten gehören zu den Pilzen. Sie sind komplexe Lebensformen und können flauschig, krustig, haarig oder platt sein. Am besten gedeihen sie auf unberührten Flächen wie Baumstümpfen, Felsen oder an Ziegelwänden.

Die meisten Flechten sind hellgrün, grau oder orange. Man findet auch ganz andere Farben, und einige Flechten wechseln ihre Farbe, wenn sie mit Wasser in Berührung kommen. Und das Wasser kann sogar ihr Verhalten verändern. Ohne Wasser trocknen Flechten aus und fallen in einen Ruhezustand. Werden sie nass, erwachen sie zu neuem Leben.

Während eine Möwe auf ihrem Weg zum Meer über uns kreischt, bilden sich an der Küste kleine Tümpel.

Dunkelgrüne und rostbraune Flecken besprenkeln die felsige Umgebung. Hier scheint ein günstiger Ort für Flechten zu sein.

Diese Flechten haben den Felsen mit ihrem Geflecht aus winzigen Blüten und Rüschen überzogen.

Dadurch erscheinen sie zart und zerbrechlich. Werden die Flechten trotzdem der wilden Küste standhalten?

Die alten Ägypter füllten die Körperhöhlen von Mumien mit Flechten!

Die Wellen entfernen sich schnell vom Strand, der Gezeitentümpel leert sich …

… doch das salzige Wasser schwappt blitzschnell zurück. Die Flechten verschwinden unter der Oberfläche.

Dann zieht sich das Wasser langsam zurück, und die Flechten tauchen wieder auf. Sie sind nicht weggespült worden, sondern voll erblüht! Mit ihren großen, offenen Blüten sorgen sie für fröhliche Farben am sonnigen Ufer.

Wir kennen etwa 18 000 verschiedene Flechtenarten – und wahrscheinlich sind es noch viel mehr!

EINE KELLERASSEL
rollt sich zu einer Kugel zusammen

Asseln sehen zwar aus wie Insekten, es sind aber Krebstiere. Sie leben an dunklen, feuchten Stellen unter Stämmen oder Steinen.

Asseln rollen sich zum Schutz vor Fressfeinden zu einer kleinen, pillenförmigen Kugel zusammen. Was für eine Verteidigung! Hier siehst du, was passiert, wenn eine Kellerassel von einer Spinne gestört wird!

Anders als die meisten Krebstiere, die im Wasser leben, leben Asseln an Land. Ihr Körper ist durch eine harte äußere Schale, das sogenannte Exoskelett, geschützt. Mit ihren Fühlern suchen sie nach Schimmelpilzen und verrottenden Pflanzen.

Nach einem Regenschauer riecht der Wald nach Erde und Holz. Etwas Silbrig-Graues huscht an der Rinde entlang und verschwindet in einer dunklen Spalte im Holz. KRIBBEL, KRABBEL! Es ist eine Assel!

Asseln atmen durch „Lungen“ an ihren Hinterbeinen. Manche Arten haben zwei davon, andere bis zu sieben Lungenpaare!

Die Assel taucht auf der anderen Seite der Holzspalte wieder auf. Jetzt will sie endlich von dem Holz, das verrottet, fressen.

Die Assel benutzt ihre Fühler, um sich zurechtzufinden, und wedelt damit in alle Richtungen.

Wenn die Rollassel wächst, wirft sie ihren Panzer mehrmals ab – sie häutet sich.

Während sie über die moosbewachsene Oberfläche krabbelt, spürt die Assel die Gefahr. Eine Spinne ist aufgetaucht!

Asseln trocknen schnell aus. Deshalb bevorzugen sie dunkle, feuchte Orte, die nicht direkt von der Sonne beschienen werden.

Die dünnen Beine der Spinne machen kein Geräusch. Trotzdem vibriert der Boden. Alarmiert hält die Assel inne.

Als die Spinne einen weiteren Schritt in ihre Richtung macht, rollt sich die Assel zu einem festen Ball zusammen.

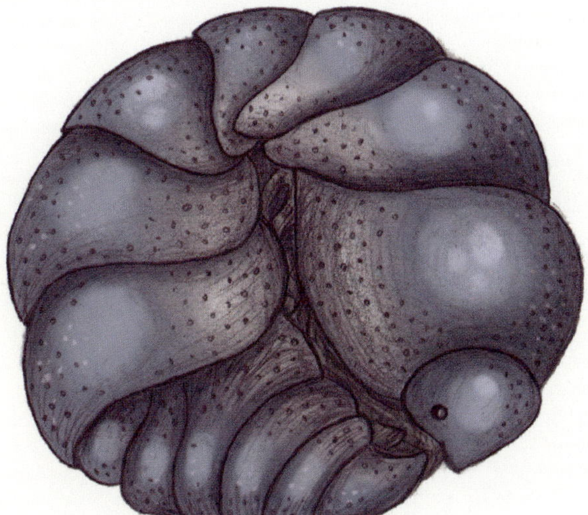

Die einzelnen Teile ihres Exoskeletts wickeln sich wie ein Panzer schützend um sie.

Während die Spinne vorbeihuscht, harrt die Assel, versteckt in ihrer glänzenden Kugel, aus. Dann entrollt sie sich langsam und vorsichtig wieder.

BEOBACHTE EINEN GRASFROSCH

beim Fliegenfangen

Mit seiner glitschigen grünlich-braunen Haut und seinem unverwechselbaren Quaken findet der Grasfrosch Schutz vor Raubtieren und Kälte in Komposthaufen oder Holzstapeln. Und unter der Erde.

Der Frühling bringt hellere Tage, und in den vielen Teichen und flachen Gewässern beginnt die Paarungszeit der Frösche.

Den Rest des Jahres erkunden die Frösche Wälder und Hecken auf der Suche nach Käfern und Schnecken! Frösche sind Experten darin, selbst die schwierigsten Beutetiere zu fangen. Das liegt an ihrer flinken, langen Zunge und ihrem klebrigen Speichel. Schau dir unseren Frosch genau an! Er beobachtet eine Fliege und wartet ganz geduldig. Was hat er vor? QUAAAK!

Ein leises Summen umgibt die Wildblumen, die am Rand des Gartens wachsen, der nicht gemäht ist. Zwischen den Grashalmen sitzt, fast unbemerkt, ein Frosch!

Weißt du, dass eine Gruppe von Fröschen „Armee“ heißt?

Tzzzzzz! Ein Summen kommt näher und näher. Eine Fliege!

Der Frosch sitzt regungslos, nur seine Augen huschen hin und her, während er die Fliege beobachtet.

Die Fliege verharrt neben einem Stein. Der Frosch macht sich bereit. Er öffnet sein Maul und seine Zunge schnellt heraus. Vorbei an dem Stein in Richtung Fliege. FLITSCH!

Klebriger Froschspeichel ist ein sogenanntes Nicht-Newtonsches Fluid. Er kann fest oder flüssig sein.

In dem Moment, in dem die Zunge die Fliege trifft, wird der zähe Speichel flüssig. Er verteilt sich auf der Fliege. Dann wird er wieder dicker und klebriger.

Nun sitzt die Fliege fest. Mit der Zunge zieht der Frosch seine Beute ins Maul.

Der Frosch blinzelt kurz – und schluckt.

QUAAK!

EIN MARIENKÄFER

schlüpft aus seiner Puppe

Vielleicht entdeckst du einen Marienkäfer im Garten. Oder er versteckt sich gerade im Haus, weil es draußen kälter wird.

Bestimmt hast du schon Marienkäfer mit ihrem leuchtend roten Rücken und den schwarzen Flecken beobachtet. Weißt du, dass diese Käferfamilie eine Vielzahl von Mustern und Farben aufweist? Von Orange, Gelb, Grau bis Blau!

Marienkäfer durchlaufen mehrere Stadien, bevor sie sich in ausgewachsene Tiere verwandeln. Alles beginnt mit einem winzigen Ei. Aus dem Ei schlüpft eine hungrige Larve mit bunten Sprenkeln auf ihrem länglichen, schwarzen Körper. Sie ernährt sich bis zu vier Wochen lang von winzigen Insekten. Wenn sie satt ist, häutet sich die Larve. Dann verwandelt sie sich in eine Puppe und entwickelt ihr charakteristisches Aussehen. Schauen wir uns die Puppe an, aus der ein Marienkäfer schlüpfen wird!

Die milde Augustsonne bescheint blühende Brennnesseln. Wir erhaschen einen Blick auf eine winzige orange-schwarze Puppe, zusammengerollt auf einem gezackten Blatt

Diese farbenfrohe Hülle, die unten am Blatt befestigt ist, hat unseren Marienkäfer in der letzten Woche gut geschützt.

Aus der Nähe sehen wir, wie sich das Blatt nach oben zum Licht hin krümmt.

Die Puppe pulsiert sanft, der Käfer beginnt zu schlüpfen!

Marienkäfer werden ein bis drei Jahre alt.

Der Käfer befreit sich langsam aus seinem Panzer und glänzt goldgelb.

Die schwachen Flecken auf den Vorderflügeln werden bald dunkler. In den nächsten Tagen wird der Käfer seine schimmernde Erwachsenenform entwickeln.

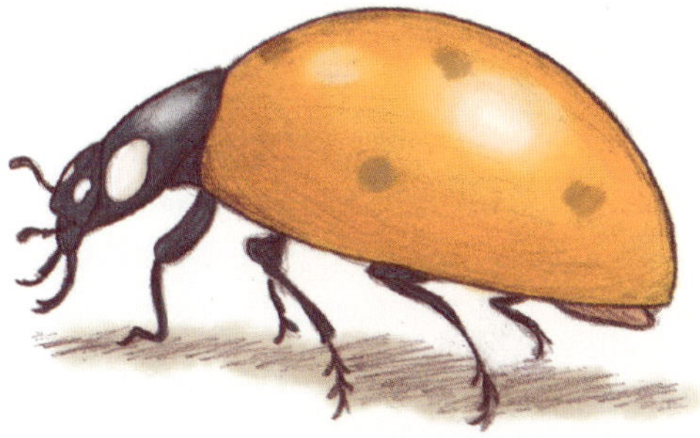

Die Anzahl der Flecken auf dem Rücken eines Marienkäfers zeigt seine Art an. Es geht hier nicht um sein Alter. Das ist ein verbreiteter Irrtum.

Der Marienkäfer macht sich sofort auf die Suche nach Nahrung.

Erwachsene Marienkäfer überwintern (schlafen) von Oktober bis Februar.

ERKENNST DU DIE BLATTSCHNEIDERAMEISE
bei ihrer Arbeit?

Die winzige Blattschneiderameise kann bis zum Fünfzigfachen ihres eigenen Gewichts tragen. Sie gehört damit zu den stärksten Tieren der Erde!

Blattschneiderameisen sind die Bauern des Tierreichs. Sie sägen mit ihren starken Kiefern Stücke von Blättern ab und tragen sie dann zum Nest der Kolonie. Aber sie fressen die Blätter nicht! Sie düngen damit einen Pilzgarten, der ihre Larven ernährt.

Diese Ameisen organisieren sich nach der Größe ihrer Köpfe! Diejenigen mit den größeren Köpfen schneiden und tragen. Die mit den kleineren Köpfen gehen auf Patrouille und erledigen die Gartenarbeit. Das alles sind wichtige Aufgaben in einem komplexen System der Futterbeschaffung. Schauen wir den fleißigen Blattschneidern bei ihrer Arbeit zu. Tief im nebligen Regenwald in Zentralamerika.

Eine lange Reihe winziger Ameisen marschiert über den Boden des Regenwaldes. Ihr Ziel ist der Stamm eines hohen Baumes.

Es sind Blattschneiderameisen! Sie eilen hin und her, den Baum hinauf und hinunter und tragen dabei große Blattstücke über ihren Köpfen.

Blattschneiderameisen leben in riesigen Kolonien von bis zu zehn Millionen Tieren!

Eine Ameise benutzt ihre sägeähnlichen „Zangen", um einen scharfkantigen Halbkreis in ein Blatt zu schneiden.

Sie hakt ihren Kiefer ins Blatt und schneidet mit Leichtigkeit hindurch. SCHNIPP!

Blattschneiderameisen haben eine clevere Art, sich untereinander zu verständigen – durch die Vibrationen, die ihre Körper beim Blättersägen hervorrufen.

Die Säge-Vibrationen rufen ihre Nestgenossinnen zu Hilfe.

Sie kommen und machen sich mit ihren eigenen Zangen an die Arbeit!

Blattschneiderameisen setzen auf ihrem Weg auch eine Pheromonspur frei. Das sind Chemikalien, die ihre Artgenossen zu den besten Blättern und wieder zurück zum Nest führen.

Eine nach der anderen schnappt zu und sichert so ihr eigenes Blattstück. Dann geht es den Baumstamm hinunter zum Nest, wo sie es an ihre hungrigen Pilzkulturen verfüttern.

DER SAFTKÄFER

bestäubt eine Magnolienblüte

Magnolien und Saftkäfer haben eine besondere Beziehung zueinander.

Magnolien gehören zu den ältesten Blütenpflanzen der Erde. Sie wurden schon von Käfern oder Fliegen bestäubt, lange bevor es Schmetterlinge, Motten und Bienen gab.

Der braune Saftkäfer ist der älteste bekannte Bestäuber der Magnolie. Seit Ewigkeiten tragen diese Käfer den Pollen vom männlichen Teil der Blüte zum weiblichen Teil einer anderen Blüte. Die Magnolienblüten haben sich mit widerstandsfähigen Blütenblättern und gut geschützten Samen an die Anwesenheit der gefräßigen Käfer – auch bekannt als Picknickkäfer – angepasst. MAMPF! MAMPF!

Der prächtige Magnolienbaum mit seinen leuchtend rosa und weißen Blüten und den glänzend grünen Blättern bildet einen farbenfrohen Baldachin.

Der tiefhängende Ast ermöglicht dir, in das Innere einer Blüte schauen zu können. Gerade heute ist viel los!

Die Saftkäfer machen sich an die Arbeit und wuseln herum. Sie haben eine wichtige Aufgabe zu erfüllen und krabbeln zu den Staubgefäßen, die sich in der Mitte der Magnolienblüte befinden.

Sie ist randvoll mit pudrigen Pollen!

Einige Blumen wie Orchideen, Löwenzahn und Sonnenblumen können sich selbst bestäuben. Sie produzieren also selbst neue Blüten, ohne dass der Wind oder Insekten ihren Pollen verbreiten.

Der Saftkäfer kaut mit seinen kräftigen Kiefern (Mandibeln).

Käfer sind nicht dafür gemacht, Nektar und Pollen zu sammeln. Ihre Mundwerkzeuge sind zum Kauen da. Deshalb können sie auch gar nicht anders, als unterwegs ein bisschen zu knabbern!

Während der Käfer hungrig das Staubgefäß umkreist, sammelt er den Pollen ein, der an seinem Panzer kleben bleibt.

Jetzt ist der Saftkäfer bereit, die Magnolienblüte zu verlassen, und wandert – von oben bis unten bestäubt – davon.

Dabei verteilt er den Pollen auf dem ganzen Weg.

KOMM MIT INS HIER UND JETZT

Du kannst zu jeder Zeit des Tages und überall, wo du bist, langsamer werden. Dann bist du im Hier und Jetzt! Wenn du ein wenig innehältst und eine Pause machst, kannst du ganz erstaunliche kleine Wunder in der Welt um dich herum wahrnehmen! Eine Pusteblume, die durch die Ritzen im Bürgersteig bricht. Eine Feder, die im Wind tanzt. Die überraschenden Farben des Himmels in der Abenddämmerung. Lass uns gemeinsam innehalten. Such dir draußen einen guten Platz, stell dich hin und …

Achte auf den Boden unter deinen Füßen.

Wie fühlt er sich an?

Spürst du Erde, Gras, Steinchen oder Beton?

Wackle mit deinen Fingern.

Und mit deinen Zehen.

Nimm die Luft an deiner Nasenspitze wahr.

Wo immer du bist, gönn dir eine kleine Pause.

Bei allem, was du tust: Nimm dir Zeit zu atmen.

Lass deine Schultern fallen
und atme tief ein. 1, 2, 3, 4.

Atme aus und zähle dabei bis 6.

Dann wiederhole das Ganze von vorn.

Die Welt wird sich verlangsamen.

Und du wirst ruhiger mit jedem Atemzug.

Deine Gedanken werden hell und klar.

Deine Sinne spüren eine neue Tiefe.

Du nimmst deine Umgebung intensiv wahr.

STICHWORTVERZEICHNIS

N

P

R

S

U

W

Z

WEITERE INFORMATIONEN

Finde mithilfe eines Erwachsenen mehr über die Natur und über Achtsamkeit heraus!

FRAG FINN

www.fragfinn.de

Frag Finn ist eine Kindersuchmaschine. Hier kannst du sicher im Internet surfen und dich über Natur und Umwelt, aber auch über aktuelle Themen informieren. Für Spaß ist durch lustige Spiele und Quiz ebenfalls gesorgt.

NATURSCHUTZBUND DEUTSCHLAND E. V. (NABU) UND NATURSCHUTZJUGEND (NAJU)

www.nabu.de
www.naju.de

Der NABU ist der älteste und mitgliederstärkste Umweltverband in Deutschland. Auf der Kinder- und Jugendseite der Organisation findest du nicht nur spannende Informationen und Spiele zu den Themen Natur und Umwelt, sondern auch abenteuerliche Ausflüge und Ferienfreizeiten. Außerdem kannst du im interaktiven „NAJUversum" heimische Tiere und ihre Lebensräume kennenlernen.

NATURFREUNDE JUGEND

www.naturfreundejugend.de

Die Naturfreunde Jugend organisiert zahlreiche Veranstaltungen, Camps und Freizeiten in Deutschland und auf der ganzen Welt.

DIE NATURDETEKTIVE

www.naturdetektive.bfn.de

Das Bundesamt für Naturschutz bietet auf dieser Website Spiel- und Projektideen für junge Naturdetektive und Naturdetektivinnen. Aktuelle Informationen zu Klima- und Umweltschutz findest du in den NaturNews. Ein Lexikon zum Hören und Nachlesen gibt es dort auch.

FÜR JUNGE ENTDECKERINNEN UND ENTDECKER

www.geo.de/geolino

GEOlino ist vielfältig unterwegs: als Kindermagazin, als Podcast und als Website. Es gibt den GEOlino-Newsletter, Bastelideen und ein Tierlexikon. Empfehlenswert sind auch die GEOlino Experimentierkästen, zum Beispiel „Natur entdecken und erforschen".

WIR ELTERN

www.wireltern.ch/artikel/spannende-experimente-0820

Diese Website aus der Schweiz macht Lust auf Experimente! Viele Gegenstände aus dem eigenen Haushalt können verwendet werden für Vulkane, brodelnde Lava oder bunte Nachtlichter.

BIENENRETTER

www.bienenretter.de/hilf-den-bienen

Ein Bildungsprojekt für die Rettung der Bienen. Hier findest du genauere Informationen zu diesen tollen Insekten und erfährst, was du selbst tun kannst, um den Bienen zu helfen.

ÖKOLEO – DEIN UMWELT-ONLINEMAGAZIN

www.oekoleo.de

Bei ÖkoLeo findest du spannende Artikel und Erklärvideos über Natur und Tiere. Du bekommst auch hilfreiche Tipps, wie du selbst umweltbewusster leben kannst. Zusätzlich gibt es viele Veranstaltungs- und Ausflugstipps in Hessen.

GREENPEACE

www.greenpeace.de

Eine weltweite Organisation, die sich mit großem Engagement für den Schutz von Menschen und Tieren sowie der Natur einsetzt.

WORLD WIDE FUND FOR NATURE (WWF) UND TEAM PANDA

www.wwf.de
www.wwf.at/teampandablog

Der WWF ist eine der größten und erfahrensten Naturschutzorganisationen der Welt und in mehr als 100 Ländern aktiv. Die Organisation möchte die weltweite Zerstörung der Umwelt stoppen und eine Zukunft gestalten, in der Mensch und Natur im Einklang miteinander leben. Auf der österreichischen Kinderseite Team Panda gibt es Wissensartikel, kreative Basteltipps und tolle Mitmachangebote.

DEUTSCHE STIFTUNG MEERESSCHUTZ

www.stiftung-meeresschutz.org

Die Deutsche Stiftung Meeresschutz setzt sich für saubere Meere und den Schutz ihrer Bewohner ein. Hier findest du Informationen über den Lebensraum Meer und Initiativen, die ihn schützen.

RELAX KIDS

Relax-kids.de

Bei Relax Kids gibt es viele Kurse, Tipps und Tricks für Entspannungsübungen mit Kindern.

KARMAKIDS

www.karmakids.de

Hier gibt es viele Praxistipps für Yoga und Meditation mit Kindern.

Titel der Originalausgabe: *Slow Down and Be Here Now*

Übersetzt aus dem Englischen von Ute Löwenberg

Projektmanagement: Constanze Holler
Lektorat: Heike Brillmann-Ede
Herstellung: Susanne Hermann
Satz: ew print & medien service gmbh, Würzburg
Druck und Bindung: Toppan Leefung Printing Ltd., China

Wir produzieren klimaneutral
ClimatePartner.com/14044-1912-1001
Druckprodukt

Bei diesem Buch wurden die durch das verwendete Material und die Produktion entstandenen CO2-Emissionen ausgeglichen, indem der Prestel Verlag ein Projekt zur Aufforstung in Brasilien unterstützt.
Weitere Informationen zu dem Projekt unter:
www.ClimatePartner.com/14044-1912-1001

MIX
Papier | Fördert gute Waldnutzung
FSC® C104723
FSC www.fsc.org

Penguin Random House Verlagsgruppe FSC® N001967

ISBN 978-3-7913-7543-4

www.prestel-junior.de

WEITERE TITEL DER REIHE

Wunder der Natur zum Innehalten und Staunen
(ISBN 978-3-7913-7447-5)

Wunder der Natur zum Entdecken und Verstehen
(ISBN 978-3-7913-7492-5)

Wunder der Natur – 30 Achtsamkeitsübungen
(ISBN 978-3-7913-7503-8)

Wunder der Natur im Park
(ISBN 978-3-7913-7502-1)

Wunder der Natur. Das Gute-Nacht-Buch
(ISBN 978-3-7913-7525-0)